Sicher ist sicher. Bei aller Sorgfalt, die wir in der Recherche haben walten lassen, können sich Öffnungszeiten auch einmal kurzfristig ändern, oder ein Lokal ist gerade an Ihrem perfekten San Francisco-Wochenende ausgebucht oder geschlossen. Darum empfehlen wir, grundsätzlich möglichst weit im Voraus zu reservieren. Ein kurzer Anruf genügt, und Sie können sicher sein, zur vereinbarten Zeit einen Platz zu finden.

für die Süddeutsche Zeitung Edition
in Kooperation mit smart-travelling GbR, Berlin
Reihe „Ein perfektes Wochenende in ...“

Konzept und Redaktion: Nancy Bachmann, Nicola Bramigk
Texte: Nancy Bachmann, Sabine Danek
Fotos: Namy Nosratifard
Gestaltung: Cindy Bachmann
Illustration: Cindy Bachmann, Rahel Streiff
Umschlaggestaltung: Rahel Streiff

Projektmanagement: Michaela Adlwart
Litho: Munira Abdulrahman
Herstellung: Thekla Licht, Hermann Weixler
Druck und Bindung: Kessler Druck + Medien, Bobingen

Printed in Germany
1. Auflage 2011

ISBN: 978-3-86615-887-0

SMART
TRAVELLING

EIN PERFEKTES WOCHENENDE IN ...
SAN FRANCISCO

www.smart-travelling.net

LIEBLINGSADRESSEN IN SAN FRANCISCO

Hotel: The Huntington Hotel
1075 California Street, Nob Hill
Tel: 001 415 4745400
Seite 8

Hotel: The Washington Square Inn
1660 Stockton Street/Washington Square, North Beach
Tel: 001 415 9814220
Seite 14

Hotel: The Parsonage
198 Haight Street, Hayes Valley
Tel: 001 415 8633699
Seite 20

Restaurant: Bar Tartine
561 Valencia Street, Mission
Tel: 001 415 4871600
Seite 28

Restaurant: Swan Oyster Depot
1517 Polk Street, North Beach
Tel: 001 415 6731101
Seite 34

Restaurant: Chez Panisse
1517 Shattuck Avenue, Berkeley
Tel: 001 510 5485525
Seite 42

☞ Weitere Adressen finden Sie unter www.smart-travelling.net

Restaurant: Bar Jules
609 Hayes Street, Hayes Valley
Tel: 001 415 6215482
Seite 50

Restaurant: Hog Island Oyster Co.
1 Ferry Building, 11A,
Financial District
Tel: 001 415 3917117
Seite 56

Café: Tartine Bakery
600 Guerrero Street, Mission
Tel: 001 415 4872600
Seite 62

Bar: Tosca
242 Columbus Avenue,
Financial District
Tel: 001 415 9869651
Seite 74

Shop: Ferry Building Market
1 Ferry Building,
Financial District
Seite 82

Gut zu wissen
Tipps, Ausflüge, Spaziergänge
Seite 89

DIE ESSENZ KALIFORNIENS

Die „Belle of the Bay", wie die Metropole an der Westküste genannt wird, könnte nicht schöner liegen: an der nördlichen Spitze der San Francisco-Peninsula, begrenzt vom Pazifik im Westen, der Bay im Osten und der berühmten Golden Gate Bridge im Norden. Beschaulich und überschaubar in ihrer Größe und durch den Lebensgeist der San Franciscans offen und zugänglich, macht die Stadt es ihren Besuchern leicht, mit ihr in Kontakt zu kommen und ihren Spirit zu fühlen. Wenn die weiche Luft nach Sonne und Pazifik riecht und dazu die Möwen kreischend ihre Runden drehen. Wenn die Skyline mit der Transamerica Pyramid mal im goldenen Licht der kalifornischen Sonne glänzt oder nur schemenhaft im Nebel zu erahnen ist. Oder wenn man im Taxi oder dem eigenen Wagen die steilen Straßen hoch und runter cruist und sich dabei von einem der sieben Hügel atemberaubende Ausblicke und immer wieder neue Perspektiven auf die Stadt eröffnen. Dazu kann man sich von den Kunstgalerien in der Geary Street inspirieren lassen, im traditionsreichen Castro Cinema in vergangene Zeiten eintauchen oder San Franciscos kulinarischer Vielfalt auf höchstem Niveau erliegen. Ob das köstliche Dim Sums sind, die man inmitten chinesischer Familien genießt, oder Pizza Margherita, die frisch aus dem Ofen kommt und so authentisch wie sonst nur in Neapel schmeckt. Im Napa Valley kann man feine kalifornische Weine kosten und im malerischen Küstenort Marshall frische Austern schlürfen. Ein San Francisco-Besuch ist die perfekte Kombination aus Stadt und Natur und vereint alles, was Kalifornien den Ruf beschert, einer der lebenswertesten Landstriche der Welt zu sein.

H

THE HUNTINGTON HOTEL

Seit 1924 thront das elegante Huntington Hotel auf dem Gipfel des Nob Hill und wird in dritter Generation von der Familie Code geführt. Von dort oben bietet es nicht nur einen grandiosen Ausblick auf Downtown San Francisco und die Bay Area, sondern liegt auch wunderbar zentral am Huntington Park bei der Grace Cathedral; eine Haltestelle des berühmten Cable Car findet sich gleich um die Ecke. Die Zimmer sind klassisch modern mit frischen Farben und luxuriösem Understatement eingerichtet – ein schöner Kontrast zur eleganten Lobby mit Doorman, Kronleuchtern, Samtsesseln und Kamin. Beeindruckend ist auch das Nob Hill Spa, das einen mit seinem großzügigen Pool-Bereich und Blick auf die Skyline von San Francisco einlädt, gleich morgens ein paar Runden zu drehen. Danach ist der Appetit auf das köstliche Frühstück, das im hauseigenen Big Four Restaurant serviert wird, umso größer. Klassisch amerikanisch kann man hier à la carte vom French Toast bis zu Granola alles bestellen. Das schummerig beleuchtete Interieur aus dunkelgrünem Leder, mit historischen Stadtfotografien an den holzverkleideten Wänden, verströmt dabei allerdings eher eine gediegene Club-Atmosphäre und eignet sich besser für einen Drink am Abend auf einem der Barhocker.
Doch wer in San Francisco großzügig, elegant und zentral wohnen möchte, ist im Huntington genau richtig.

The Huntington Hotel Adresse: 1075 California Street, Nob Hill
Tel: 001 415 4745400 Email: reservations@huntingtonhotel.com
Internet: www.huntingtonhotel.com
Preise: DZ ab 395 Dollar, Sonderangebote über die Website

Hilto

THE WASHINGTON SQUARE INN

Das Washington Square Inn ist einfach perfekt. Die Lage in dem italienischen Viertel North Beach, unweit der Polk Street, könnte kaum schöner sein. Idyllisch liegt es am ältesten Square San Franciscos, das beste Brunch-Café der Stadt befindet sich gleich gegenüber und die legendäre Austern-Bar um die Ecke. Die 26 individuellen Zimmer sind von Maria Levin so gemütlich und *cosy* wie ein altes Landhotel eingerichtet, manche haben einen Kamin oder eine Fensterbank, von der aus man den Washington Square überblicken kann. Seit 2005 führt Levin das Inn mit viel Herz und Seele – und zusammen mit ihrem Mann Daniel. „Es ist zu uns gekommen, Daniel hat eines Tages zuerst das leer stehende Haus entdeckt und ein paar Stunden später das Inserat in der Zeitung. Da wussten wir: Das ist unser Haus." Das Frühstück wird an einem langen Tisch mit Blick auf das bunte Treiben am Washington Square serviert oder kann auf Wunsch auch ins Zimmer gebracht werden. Vormittags trifft man das Besitzerpaar persönlich an, danach ist die Rezeption mit freundlichem Personal besetzt, das jede Menge Tipps und auf jede Frage eine Antwort hat. Am frühen Abend steht in der Lobby ein Snack mit Käse und Wein bereit – eine nette Geste, die sich in Kalifornien immer mehr verbreitet und dazu dient, mit anderen Gästen ganz locker und ungezwungen ins Gespräch zu kommen. Wenn man will. Denn zur Philosophie des Inn gehört auch „den Gästen den Raum lassen, das zu tun, worauf sie Lust haben", sagt Levin.

The Washington Square Inn Adresse: 1660 Stockton Street/Washington Square, North Beach Tel: 001 415 9814220 Internet: www.wsisf.com Preise: DZ 179 bis 329 Dollar inkl. Frühstück

☞ Mama's on Washington Square

Mama's ist der europäische Traum eines amerikanischen Frühstücks-Cafés. Kalorien und Kohlehydrate wo man hinschaut, aber so köstlich und darum so beliebt, dass es vor der Tür schnell zu Warteschlangen kommt. Von French Toast und Pancakes über Sandwiches und Eggs Benedict gibt es alles, was das Herz begehrt. Ein kleines Bilderbuch-Café, das mit seinen halbhohen Gardinen und dem lebendigen Treiben in der verglasten Küche herrlich original rüberkommt.

Adresse: 1701 Stockton Street/Washington Square, North Beach
Tel: 001 415 3626421, Internet: www.mamas-sf.com
Öffnungszeiten: Dienstag – Sonntag 8.00 – 15.00 Uhr

THE PARSONAGE

Was gibt es Schöneres, als eine Stadt ganz nah am Alltag der Einheimischen zu erleben? Die erste Voraussetzung ist, dass Sie privat wohnen – und bei Joan Hull und John Phillips ist das möglich. Sie werden sich garantiert wie zu Hause fühlen, wenn Sie mit dem Schlüssel die Tür des altehrwürdigen Hauses öffnen, mit seinem über viele Jahre gewachsenen Ambiente aus alten Möbeln und besonderen Einzelstücken. Abends können Sie im mit Stil eingerichteten Living Room bei einem Glas Wein am flackernden Kamin ungezwungen ins Gespräch kommen. Als Joan und John das Haus vor 30 Jahren kauften, schlugen ihre Freunde die Hände über dem Kopf zusammen; sie konnten nicht glauben, dass die beiden sich in der ehemals heruntergekommenen Gegend wohlfühlen und dort glücklich werden könnten. „Wir waren damals die Einzigen, die den besonderen Spirit des Hauses gefühlt haben. Heute ist es eine wahre Perle im schönen Hayes Valley, und fünf der Zimmer teilen wir gerne mit unseren Gästen“, sagt Joan Hull. In einem so gemütlichen Nest darf auch ein gutes mehrgängiges Frühstück mit frischem Obst, Granola und Pancakes mit Meyer Lemon nicht fehlen. Joan oder John bereiten es abwechselnd zu und servieren es persönlich; so stellt sich schon am ersten Tag der Wunsch ein, The Parsonage nie mehr verlassen zu müssen. Und auch den abenteuerlustigen Haushund Pilar nicht, der nach dem Boot des Schriftstellers Ernest Hemingway benannt ist, mit dem dieser in die Welt hinaus segelte.

The Parsonage Adresse: 198 Haight Street, Hayes Valley
Tel: 001 415 8633699 Internet: www.theparsonage.com
Preise: DZ 200 bis 250 Dollar inkl. Frühstück

Ein Gespräch mit Joan Hull

Inn-Keeperin von The Parsonage

Wie sind Sie auf die Idee für The Parsonage gekommen?

Zuvor hatten wir 25 Jahre lang das Bed & Breakfast „Dancing Coyote Beach" an der Tomales Bay geführt. Dorthin kamen immer wundervolle Gäste, es hat uns sehr viel Spaß gemacht und wir haben jede Menge Erfahrung gesammelt.

Jetzt aber haben Sie Ihr eigenes Haus für Gäste geöffnet.

Ja, anfangs haben wir hier erst mal zwei Zimmer vermietet, mittlerweile sind es fünf. Das ist genau die richtige Anzahl, denn wir wollen es persönlich halten, jeden ansprechen, und mit maximal zehn Namen am Frühstückstisch ist das problemlos möglich.

Gibt es den typischen Parsonage-Gast?

In Hayes Valley leben viele junge Leute. Und wenn ihre Eltern zu Besuch kommen, dann wohnen sie hier. Das ist unsere schöne, selbst kreierte Nische.

Was macht eine gute Inn-Keeperin aus?

Es ist wichtig, selbst zu reisen. Denn dann weiß man, wie es ist, in einer fremden Stadt zu landen, mit Neugier aus dem Flugzeug zu steigen und voller Erwartung zu sein, wie das B & B ist, das man sich vorher zwar sorgsam ausgewählt hat, bei dem man aber dennoch unsicher ist, was genau einen erwartet. Die mürrischsten Inn-Keeper sind die, die nie ihr Haus verlassen.

Was lieben Sie an San Francisco?

Das Essen hier ist großartig und die Lebensqualität erst recht, denn wir sind an drei Seiten von Wasser umgeben. Als New Yorkerin hatte ich anfangs allerdings meine Schwierigkeiten, denn die Stadt war für mich der Mittelpunkt des Universums. Habe ich an Kalifornien gedacht, hatte ich unwillkürlich Venice Beach in L.A. im Kopf ... Doch wie anders es hier ist! Zwar reise ich mit meinem Mann immer wieder nach New York, aber mittlerweile bin ich sehr glücklich hier.

AFAR

BAR TARTINE

BAR TARTINE

Die Eröffnung der Bar Tartine im Jahr 2005 war die gelungene Fortsetzung der Erfolgsgeschichte von Pastry Chef Elisabeth Prueitt und Bäcker Chad Robertson, dem Besitzerpaar der Tartine Bakery. Ihr kleines, feines Restaurant im angesagten Mission District ist ein beliebter Treffpunkt von Freunden, Stammgästen und Liebhabern kalifornisch-europäischer Küche mit ungarischem Touch – und aus besten regionalen Zutaten der Saison. Der Auftakt mit einem Laib frisch gebackenem Sauerteigbrot und gesalzener Butter ist genauso auf den Punkt gebracht wie alles, was darauf folgt ... außergewöhnliche Pickles-Kombinationen aus Spargel und grüner Erdbeere oder Petersilienwurzel und schwarzem Rettich, Gartensalate mit Roter Beete und Blue Cheese, Paprikahuhn mit Buchweizenspätzle oder der Tartine Burger auf Brioche, serviert auf einem Holzbrettchen, dazu ausgesuchte Weine befreundeter kalifonischer Winzer ... und die Gefahr, ein oder zwei Gerichte zu viel zu bestellen. Was man sogleich bereut, wenn man einen Blick in die Dessertkarte geworfen hat und sich zwischen Köstlichkeiten wie Bohemian Apple Cake, Turkish Coffee oder Kardamom-Eis mit Four Barrel Espresso entscheiden muss. Dunkles Holz, die handverlesenen Bilder und der Bartresen mit Blick in die offene Küche schaffen eine gemütliche, persönliche Atmosphäre und machen die Bar Tartine zu einem perfekten Ort für einen nicht enden wollenden Abend unter Freunden.

Bar Tartine Adresse: 561 Valencia Street, Mission Tel: 001 415 4871600
Internet: www.bartartine.com Öffnungszeiten: Montag 8.00 – 19.00 Uhr,
Dienstag und Mittwoch 7.30 – 19.00 Uhr, Donnerstag und
Freitag bis 20.00 Uhr, Samstag 8.00 – 20.00 Uhr, Sonntag 9.00 – 20.00 Uhr

Tartine

EXIT

NON-ALCOHOLIC

HORNUNG
5
orado

SWAN OYSTER DEPOT

SWAN OYSTER DEPOT

Seit 1912 ist das Swan Oyster Depot der Familie Sancimino eine der Institutionen der Stadt und fast schon eher ein Wahrzeichen als nur ein Restaurant. Das Zentrum des kleinen, schmalen Ladens ist ein wunderschöner alter Marmortresen, ein Relikt aus alten Tagen, um das sich seit der Eröffnung das Leben dreht. Dahinter steht Kevin Sancimino zusammen mit seinem Vater und seinem Cousin und reicht den Gästen gut gelaunt Unmengen von Austern und frischestem Meeresgetier über den Tresen.

Beliebte Klassiker auf der Karte sind auch der Shrimp-Salat mit Taschenkrebsen und einem hausgemachten Dressing aus einer feinen Senf-Butter-Mayonnaise, die reichhaltige „Clam Chowder“, eine Fischsuppe mit Venusmuscheln, Gemüse und Sahne, und natürlich Lobster. Alles Köstlichkeiten, die einen schon beim Betreten der Swan Oyster Bar in der Fensterauslage in üppigen Mengen anlachen.

Das gute Sauerteigbrot und ein Glas Sauvignon Blanc vom Weingut Honig aus dem Napa Valley sind die perfekten Begleiter für einen unvergesslichen Lunch. Geduldig reihen sich die Kunden in die Schlange der Wartenden ein, wohl wissend, dass man nur einen Platz an der Bar ergattert haben muss, um sich zu seinem Glück dem wunderbaren Schauspiel der Sancimino-Familie hingeben zu können.

Swan Oyster Depot Adresse: 1517 Polk Street, North Beach
Tel: 001 415 6731101 Öffnungszeiten: Montag – Samstag 8.00 – 17.30 Uhr, Sonntag geschlossen

Ein Gespräch mit Kevin Sancimino

Mitbesitzer des Swan Oyster Depot

Das Swan Oyster Depot ist ein Familienunternehmen. Seit wie vielen Generationen existiert es?
Seit vier. Aber das Swan Oyster Depot gab es auch schon ein paar Jahre davor. 1903 haben zwei Brüder damit gestartet, und mein Urgroßvater hat ihnen immer den Fisch geliefert. Als sie älter wurden, hat er ihnen das Geschäft abgekauft.

Wie viele Familienmitglieder arbeiten hier?
Oh, das sind mein Vater Steve, Onkel Jim, Onkel Tom, meine Cousine Elizabeth, mein Cousin Derek, mein Bruder und ich.

Ist es nicht schwierig, auf so engem Raum zusammenzuarbeiten?
Überhaupt nicht. Wir sind Familie und Freunde – und das schon von klein auf gewöhnt.

Und wer hat das Rezept für den legendären Shrimps & Crab-Salat erfunden?
Das war einer unserer Kunden. Er hat einfach beides bestellt und war von der Mischung begeistert – und wir auch.

Was sollte man beachten, um das Swan Oyster Depot in vollen Zügen zu genießen?
Kommen Sie mit jemandem, den Sie mögen und mit dem Sie gerne Essen teilen, so können Sie von allem probieren. Am besten am Vormittag oder nach 15 Uhr, wenn Sie nicht lange in der Schlange stehen wollen.

Wo gehen Sie selbst gerne nach Feierabend essen?
Ich mag italienische Küche und hier in North Beach gibt es einige sehr gute Restaurants. Zu meinen Favoriten gehören Il Palio und das US Restaurant.

CAUTION
SALADS
shrimp 1500
prawn 1795
crab 2150
combination 1900
lobster
served with bread and butter
choice of louie sauce or oil & vinegar
crab 1195
shrimp 8.95
prawn 9.95
olympia oyster
eastern oyster 9.50
clam 8.50
combination 9.95
lobster
SPICED DELTA CRAYFISH
$16.95
SMOKED SALMON
17.50
BOSTON
bowl
Ways To Celebrate
THE PINT

KHALED HOSSEINI
THE KITE RUNNER
WHERE MEN WIN GLORY
THE ODYSSEY OF PAT TILLMAN
DAMAGE
O come, Let us adore Him, Christ the Lord.
SALES TAX COLLECTION SCHEDULE
CASH
5700
NCR

CHEZ PANISSE

Die Erwartungen sind immer groß, wenn man ein so legendäres Restaurant wie das von Alice Waters besucht. Weltberühmt ist sie als Pionierin der einfachen kalifornischen Küche, die auf exzellenten, frischen Zutaten von Ökobauern und kleinen lokalen Betrieben beruht. Und daran hat sich nichts geändert. Der Gartensalat ist knackig und gut abgeschmeckt, die Rigatoni mit Erbsen, Minze und Ricotta leicht und erfrischend, das Buttermilchhuhn auf den Punkt gebracht, das Lamm mit Walnüssen und Rosmarin zart und aromatisch. Was die legendäre Köchin 1971 als Nachbarschaftsbistro zusammen mit ein paar Freunden in Berkeley auf den Weg brachte, hat eine kulinarische Revolution in den Küchen vieler Restaurants und Schulen in Bewegung gesetzt und viele junge Köche inspiriert. Waters hat den berühmten Ferry Plaza Farmers Market mit ins Leben gerufen, ist Vizepräsidentin von Slow Food International – und deswegen auch heute in der Küche nicht mehr so oft zu sehen. Die Atmosphäre des Chez Panisse ist eindeutig von den 90ern geprägt, ohne dabei heute antiquiert zu wirken, das Personal ist gut, doch mit Pech leider auch etwas borniert. Eine größere Chance, einen Platz zu bekommen, ohne einen Monat im Voraus zu reservieren, und obendrein das perfekte Preis-Leistungs-Verhältnis hat man zum Lunch im Chez Panisse Café; ein Drei-Gänge-Menü du Jour kostet 27 Dollar (Menu im Restaurant: 80 Dollar).

Chez Panisse Adresse: 1517 Shattuck Avenue, Berkeley Tel: 001 510 5485525 Internet: www.chezpanisse.com Öffnungszeiten: Café: Montag – Samstag 11.30 – 15.00 Uhr, Montag – Donnerstag 17.00 – 22.30 Uhr, Freitag und Samstag bis 23.30 Uhr, Restaurant: Reservierung ab 18.00 Uhr und 20.30 Uhr

☞ Acme Bread

Das Acme Sourdough-Brot aus Berkeley ist in der ganzen Bay Area ein Kult, den man sofort versteht, wenn man das Brot einmal probiert hat. Denn es vereint in perfekter Balance die Säure, Saftigkeit und schöne Kruste, die ein erstklassiges Brot haben muss. Am nettesten ist ein Acme-Besuch natürlich in dessen Geburtsort selbst in Berkeley. Eine Filiale gibt es aber auch in San Francisco im Ferry Plaza, 1 Ferry Building, Shop #15.

Adresse: 1601 San Pablo Avenue, Berkeley
Tel: 001 510 5241327, Internet: www.acmebread.com
Öffnungszeiten: Montag – Samstag 8.00 – 18.00 Uhr, Sonntag 8.30 – 15.00 Uhr
im Ferry Plaza: Montag – Freitag 6.20 – 19.30 Uhr, Samstag und Sonntag 8.00 – 19.00 Uhr

THE
ACME
BREAD
COMPANY
EST·1983

OPEN
HOURS
Mon-Sat 8am-6pm
Sunday 8:30am-3pm.
ACME BREAD
WE ACCEPT CASH & CHECKS ONLY!
SORRY. NO CREDIT CARDS OR ATM
Arts & Festival

Acme Bread

bar JULES

BAR JULES

Betritt man die Bar Jules, spinnt sich gleich ein ganzes Netz an kulinarischen Verbindungen. Die Köchin und Besitzerin Jessica Boncutter hat mit ihren Freunden Jamie Oliver und April Bloomfield im River Café am Ufer der Themse gelernt. Und während diese eigene Restaurants in New York und London eröffneten, behauptet Boncutter sich in der kalifornischen Food-Metropole: mit einem kleinen Nachbarschaftsrestaurant in Hayes Valley, in dem sie selbst in der Küche steht, in stylisch modernen Farben, mit offener Küche und Gerichten, die mit Kreide auf eine große Tafel geschrieben werden. Darunter sind großartig schlichte Köstlichkeiten wie der Farm Burger, ein Jules-Klassiker, auf dem Holzkohlegrill zubereitet, oder das Fried Egg and Bacon Sandwich zum Lunch, Fenchelbrühe mit pochiertem Ei oder gegrillter Thunfisch mit Fingerkartoffeln und einer Rotwein-Bagna cauda am Abend. Was in die Salatschüssel kommt, wird per Email entschieden. Nämlich dann, wenn die Farmer für Boncutter auflisten, was auf ihren Feldern gerade geerntet werden kann, und sie daraus ihre Mittags- und Abendkarte zusammenstellt: zum Beispiel Blattsalate mit rohem Sommerkürbis, Pinienkernen und Parmesan.
Und was von außen fast noch wie ein Geheimtipp wirkt, entpuppt sich als bekannte Adresse unter Foodies und renommierten Köchen weit über San Francisco hinaus.

Bar Jules Adresse: 609 Hayes Street, Hayes Valley Tel: 001 415 6215482
Internet: www.barjules.com Öffnungszeiten: Mittwoch – Samstag
11.30 – 14.30 Uhr, Dienstag – Samstag 18.00 – 22.00 Uhr,
Sonntagsbrunch 11.00 – 14.30 Uhr

BAR JULES
6

HOG ISLAND OYSTER CO

HOG ISLAND OYSTER CO.

Hervorragende Qualität zu garantieren haben sich die Jugendfreunde John Finger und Terry Sawyer auf die Fahne ihrer Hog Island Oyster Company geschrieben, unbedingten Genuss – und Leidenschaft. 1983 haben sie mit 500 Dollar ihrer Eltern angefangen, ihre geliebten Pazifik- und Atlantik-Austern zu züchten. Mit einem kleinen Floß schipperten sie einst ihre Gründe ab, heute ernten sie jährlich über drei Millionen Austern; ihre nachhaltige Züchtung ist preisgekrönt. Schlürfen kann man diese Austern im Restaurant im Ferry Building mit Blick auf die Bay Bridge; dort an der Bar gibt es auch die beliebte Clam Chowder, eine gehaltvolle Muschelsuppe mit Gemüse, Kartoffeln, Speck und Sahne, einen Klassiker der kalifornischen Küste.

Am schönsten ist es allerdings, man nimmt die Austern direkt an der Hog Island Oyster Farm (20215 Highway 1, Marshall) zu sich, die am malerischen Highway 1,49 Meilen nördlich von San Francisco liegt. Hier gehört auch der Weg zum Ziel. Vor Ort findet man ein cremefarbenes Holzhaus mit einfachen Tischen drum herum. Dort angekommen, kann man die frischesten Austern mit einem Glas Wein und hervorragendem Brot als Picknick zelebrieren. Ein Weg, der sich auf jeden Fall lohnt!

Hog Island Oyster Co. Adresse: 1 Ferry Building, 11A, Financial District
Tel: 001 415 3917117 Internet: www.hogislandoysters.com
Öffnungszeiten: Montag – Freitag 11.30 – 20.00 Uhr, Samstag und Sonntag 11.00 – 18.00 Uhr, Farm: Täglich 9.00 – 17.00 Uhr

TABASCO
BRAND
G
DOMAINE

TARTINE

TARTINE BAKERY

Die obligatorische Schlange vor dem Eingang einer kulinarischen Adresse ist in San Francisco immer ein untrügliches Zeichen für herausragende Qualität. In der Tartine Bakery konzentriert sie sich in einem lebendigen und überraschend kleinen Raum, aber bei einem unglaublichen „Output". Dazu gehören süße und salzige Köstlichkeiten, die sich in so überbordender Vielfalt in der Vitrine aneinanderreihen, dass ein Besuch niemals reichen wird, um allen Verlockungen nachzugeben. Morgens kann man dem Frühstück mit Croissants, Morning Buns und Kaffee von Four Barrel – der besten Rösterei San Franciscos – erliegen, aber schon ab zehn Uhr wird auch der Croque Monsieur serviert. Die grandiose Komposition aus Sauerteigbrot, Béchamelsauce, Schinken und Käse haben wir noch nirgends besser gegessen. Genauso wenig den Bread-Pudding mit Beeren der Saison. Gegründet haben die Tartine Bakery zwei, die wissen, was gute Qualität ist: Pastry Chef Elisabeth Prueitt und Bäcker Chad Robertson, die ihr Handwerk in Frankreich lernten, es in einer kleinen kalifornischen Bäckerei perfektionierten und sich schließlich 2002 im Mission District niedergelassen haben. Ihr legendäres Brot wird von Dienstag bis Samstag gebacken, immer nachmittags – und das kann man riechen, denn dann weht der verführerische Duft aus der Backstube, die gleich dahinter liegt, durch die Bakery. Ein Glück nur, dass man alles auch mitnehmen kann.

Tartine Bakery Adresse: 600 Guerrero Street, Mission
Tel: 001 415 4872600 Internet: www.tartinebakery.com Öffnungszeiten:
Montag 8.00 – 19.00 Uhr, Dienstag und Mittwoch 7.30 – 19.00 Uhr, Donnerstag und Freitag 7.30 – 20.00 Uhr, Samstag 8.00 – 20.00 Uhr, Sonntag 9.00 – 20.00 Uhr

Ein Gespräch mit Nathan Yanko

Brotbäcker in der Tartine Bakery

Warum wird bei Ihnen am Nachmittag gebacken?

Es ist einfach die perfekte Zeit, wenn das Brot gegen 17 Uhr aus dem Ofen kommt. Denn unsere Kunden lieben es, das Brot noch ofenwarm mit nach Hause zu nehmen und zum Dinner zu essen.

Sie backen seit sieben Jahren das Brot in der Tartine Bakery. Wird einem da nicht irgendwann langweilig?

Nein, überhaupt nicht. Da die Konsistenz des Teiges von so vielen verschiedenen Faktoren abhängt, ist es jeden Tag von Neuem eine Herausforderung, die Qualität zu halten. Und das ist gar nicht so einfach; wenn es zum Beispiel regnet, braucht der Teig weniger Wasser, an einem anderen Tag mehr Salz. Das zu erspüren erfordert hohe Aufmerksamkeit und hält mich wirklich auf Trab.

Gibt es sonst noch ein Geheimnis?

Auf jeden Fall, dass wir uns so viel Zeit nehmen. Es dauert ganze 22 Stunden von der Fermentierung des Teiges bis zur Verarbeitung, wir verwenden natürlich nur die besten Zutaten wie Getreide aus Utah und backen auch nie mehr als 200 Brote am Tag.

Kann man Ihr Brot auch noch an anderen Orten in San Francisco essen?

Außer in unserem Restaurant, der Tartine Bakery, nur noch an einem, denn für mehr haben wir gar nicht die Kapazitäten. Das sind unsere Freunde vom Delfina Restaurant, das direkt um die Ecke liegt. Das haben wir von Anfang an so gemacht, denn wir haben gleichzeitig in dieser Gegend angefangen.

Bread-Pudding mit Früchten

6 bis 8 Portionen

Backofen auf 180 Grad vorheizen. Brioche-Scheiben auf ein mit Backpapier ausgelegtes Blech geben und im Ofen rösten. Anschließend abkühlen lassen. Eier und Zucker verquirlen. Milch, Vanillezucker und Salz hinzufügen, alles zu einer homogenen Masse verschlagen. Die Brioche-Scheiben in eine gefettete Auflaufform legen, mit der Eicreme übergießen, zehn Minuten ruhen lassen. Die Auflaufform mit Alufolie abdecken und im Ofen circa eine Stunde backen. Ist die Masse noch zu flüssig, weitere zehn Minuten abgedeckt backen. Crème double mit dem Vanillemark bei mittlerer Hitze aufkochen. Auf der ausgeschalteten Herdplatte warm halten. In einer Pfanne Zucker, Wasser, Salz und Sirup verrühren. Bei mittlerer Hitze unter ständigem Rühren so lange köcheln lassen, bis sich der Zucker aufgelöst hat und die Masse goldgelb ist. Aufkochen lassen und vom Herd nehmen. Das Crème double unterheben und den Zitronensaft hinzufügen. Kurz abkühlen lassen. Butterwürfel hineinrühren. Die Pfirsiche, Blaubeeren und Himbeeren in der Karamellsauce erwärmen. Den Brioche-Pudding portionieren und mit der Früchte-Karamell-Sauce servieren.

Für den Pudding:
6 Brioche-Scheiben (3 cm dick geschnitten)
8 große Eier
¾ Tasse Zucker
4 Tassen Vollmilch
1½ TL Vanillezucker
½ TL Salz

Für die Karamellsauce:
⅔ Tasse Crème double
Mark von ¼ Vanilleschote
1¼ Tasse Zucker
¼ Tasse Wasser
¼ TL Salz
2 TL heller Ahornsirup
¾ TL Zitronensaft
4 TL ungesalzene Butter

Außerdem:
2 kleine Pfirsiche (geschält und in Scheiben geschnitten)
je ½ Tasse Blaubeeren und Himbeeren

☞ Kaffeegenuss bei Four Barrel

Four Barrel röstet nicht nur den besten Kaffee der Stadt, man kann ihn auch in wunderbar relaxter Atmosphäre genießen. In dem großzügigen hellen Raum, an Holztischen, mit dem Sound des Rösters im Hintergrund und dem Duft der frisch gemahlenen Bohnen in der Nase. Und dazu zaubern gut aussehende Baristas die schönste Latte-Art auf den Kaffee. Nichts fühlt sich in dem Laden von Jeremy Tooker aufgesetzt an, jeder stellt sich geduldig in die Schlange und kommt dabei auch schnell ins Gespräch. Ein Lieblingsort mit hohem Suchtpotenzial!

Adresse: 375 Valencia Street/Ecke 15th, Mission
Tel: 001 415 2520800, Internet: www.fourbarrelcoffee.com
Öffnungszeiten: Montag – Samstag 7.00 – 20.00 Uhr,
Sonntag 8.00 – 20.00 Uhr

TOSCA

Es wirkt nicht nur wie eine Filmkulisse, tatsächlich hat sich schon Michael Douglas in „Basic Instinct" im Tosca einen starken Drink genehmigt. An dem meterlangen, wunderschönen alten Tresen wird seit 1919 von professionellen Barkeepern in stilechten weißen Jacken „House Cappuccino" ausgeschenkt: ein köstliches Gemisch aus Hot Chocolate, die immer noch aus der alteingesessenen Schokoladenfabrik Ghirardelli ein paar Blocks weiter kommt, und einem guten Schuss Brandy. Das stammt aus einer Zeit, als Alkohol verboten war und einer der damaligen Besitzer den Schnaps zu Hause brennen musste. Genauso beliebt sind auch die Gin Martinis, die jedoch eindeutig auf der stärkeren Seite einzuordnen sind.
Das gesamte Bar-Interieur ist so herrlich original wie die Patina der Wände. Nimmt man im hinteren Raum in einer der bequemen Sitzecken oder auf den Stühlen aus dunkelrotem abgenutzten Leder Platz, fühlt man sich sogleich in die 50er Jahre versetzt, wenn eine Cocktail-Kellnerin um die Ecke biegt, klassische Mixturen serviert und sich dazu aus der originalen Jukebox Frank Sinatra ins Ohr schmeichelt. Ein wunderbarer „Old School"-Ort, in klassisch nostalgischem Ambiente, den man so schnell nicht vergisst.

Tosca Adresse: 242 Columbus Avenue, Financial District
Tel: 001 415 9869651 Internet: www.toscacafesf.com
Öffnungszeiten: Dienstag – Sonntag 17.00 – 2.00 Uhr, Montag geschlossen

☞ Terroir Winebar

Weil eine Weinbar mit Bio-Weinen in San Francisco nicht zu finden war, haben Luc und Dagan 2007 das Terroir eröffnet. Hinter einer unscheinbar grünen Tür reihen sich zwischen 500 und 600 verschiedene Weine aus der ganzen Welt in den Regalen, sorgfältig sortiert nach Weingebieten, die mit Kreide auf kleine Schiefertafeln geschrieben stehen. Ein sympathischer Laden mit vielen liebevollen Details, der die Handschrift der Besitzer trägt, vom in der Ecke stehenden Eames Lounge Chair bis zur David Bowie-Postkarte, und Weinliebhaber, kalifornische Weinmacher und die Nachbarschaft anzieht. Sie sitzen auf Barhockern in der Mitte des Raumes oder am Bartresen und kosten sich durch die Weinempfehlungen. Die Liste der offenen Weine wechselt alle zwei bis drei Wochen und zur kulinarischen Untermalung kann man sich feine Käse- und Wurstsorten von kleinen regionalen Betrieben bestellen.
Tipp: Mittwochs bis samstags parkt der befreundete Food-Truck „Spencer on the go“ ab 18.30 Uhr auf der gegenüberliegenden Straßenseite. Dort kann man französische Köstlichkeiten wie Foie Gras, Fischsuppe oder Schnecken erstehen und diese im Terroir mit einem passenden Glas Wein genießen.

Adresse: 1116 Folsom Street (zwischen 7th & 8th Street), South of Market Area
Tel: 001 415 5589946, Internet: www.terroirsf.com
Öffnungszeiten: Montag – Donnerstag 12.00 – 24.00 Uhr,
Freitag und Samstag 12.00 – 2.00 Uhr, Sonntag 12.00 – 19.00 Uhr

VOTEZ
LE P
LES COUILLES
COENOBIUM
DO NOT TOUCH KNIF
WITH YOUR HANDS
2007
750ml

Sparkling

FERRY BUILDING MARKET

Das ultimative Food-Mekka San Franciscos liegt im Ferry Building direkt am Wasser: eine Markthalle, unter deren Dach sich die Besten der Besten der Bay Area mit einer Dependance niedergelassen haben. Ob das berühmte Acme-Brot, die feinen Austern der Hog Island Oyster Co., besondere Käse von Cowgirl Creamery, Homemade Granola von der Frog Hollow Farm oder der beliebte Blue Bottle Coffee ... auf diesem Markt sind sie alle vertreten. Und so können Sie sich auf nur wenigen Metern durch das Best-of aller kalifornischer Delis kosten. Hier hat auch der beste Vietnamese der Stadt, The Slanted Door, sein Zuhause und im Organic Deli Farm Fresh To You bekommen Sie die besten Smoothies und Juices der Stadt. Besonders lebendig geht es am Samstag zu, wenn die kalifornischen Farmer und Köche ihre Stände vor dem Ferry Building aufbauen, sich die Holzbänke bereits am Vormittag mit Besuchern füllen und den Platz in eine wunderbare Picknickkulisse verwandeln, mit der Oakland Bay Bridge und der Downtown Skyline im Hintergrund. Ein Paradies aus saisonalem Obst, Gemüse und Kräutern, köstlichen Sandwiches, Dim Sums, Austern, Tacos, Horchata und und und ... Alles ist so frisch und üppig, dass einen sogleich die Einkaufslust packt und man abends am liebsten aus all den Köstlichkeiten ein riesiges Dinner kochen möchte. Aber auch vor Ort zu essen ist ein Genuss – und deshalb sollten Sie bei einem Besuch vor allem eines mitbringen: Hunger!

Ferry Building Market Adresse: 1 Ferry Building, Financial District Internet: www.ferrybuildingmarketplace.com Öffnungszeiten: Montag – Samstag 10.00 – 18.00 Uhr, Sonntag bis 17.00 Uhr, Farmers Market: Dienstag und Donnerstag 10.00 – 14.00 Uhr, Samstag 8.00 – 14.00 Uhr

BCSI
1-800-BAY-CITY
CAS

PIER 2
Sinbad's

MARKETPLACE
PRATHER RANCH GRILL

SMART TRAVELLING

GUT ZU WISSEN

San Francisco ist groß, darum ist dieser Infoteil so klein. Hier erfahren Sie nicht alles und jedes, sondern genau das, was Sie für ein perfektes Wochenende brauchen. Wenige, aber genau die richtigen Informationen: Wissenswertes über die San Franciscaner Lebensart, eine kleine subjektive Auswahl an Sehenswürdigkeiten, Spaziergängen und Tipps für Ausflüge. Dazu einen Stadtplan mit unseren Lieblingsadressen, damit Sie nicht lange suchen müssen, sondern gleich anfangen können San Francisco zu genießen.

KULTUR

Saint Mary's Cathedral

Schon bevor die Hauptkirche der katholischen Erzdiözese von San Francisco 1971 eingeweiht war, wurde sie heiß diskutiert. Die einen höhnten, der spektakuläre Betonentwurf von Pier Luigi Nervi erinnere an eine überdimensionale Waschmaschine, die anderen schwärmten von seiner gewagten Konstruktion, die vier gewölbte Betonwände zu einem Kreuz formt. Majestätisch thront das Gebäude auf dem Cathedral Hill und man muss auf jeden Fall hineingehen, um es in Gänze erleben zu können. Innen spielt farbiges Licht, das durch bunte Glasbausteinstreifen fällt und auf dem Beton, über dem Altar glitzert eine kinetische Skulptur von Richard Lippold. Bei Voranmeldung kann man eine kleine Tour machen, vormittags stehen Helfer für Fragen bereit, die Sie an ihren roten Westen erkennen, und im Keller befindet sich ein Souvenir-Shop.

1111 Gough Street, Japantown
Tel: 001 415 5672020
www.stmarycathedralsf.org

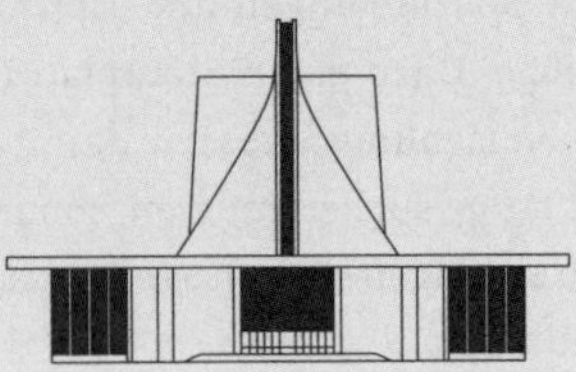

Hyatt Regency Atrium

Die Zimmer des Hyatt am Embarcadero sind ziemlich langweilig, businesslike eingerichtet – aber die Eingangshalle! 1973 entwarf der einzigartige Hotel-Architekt John C. Portman das spektakuläre Atrium, das gleich 17 Stockwerke hoch ist. An seinen Wänden schnellen gläserne Fahrstühle lautlos in die Höhe und die riesengroße kugelförmige Skulptur „Eclipse" reflektiert das sie umgebende Wasser. Lassen Sie sich auf einem der Sessel in der Lobby nieder oder fahren Sie mit einem der Aufzüge hoch, um diese Architektur, die wirkt, als würde sie die Schwerkraft aus den Angeln heben, von oben anzuschauen.

5 Embarcadero Center, Marina District, Tel: 001 415 7881234
www.sanfranciscoregency.hyatt.com

The Claremont Hotel and Spa

Wie eine Fata Morgana im schönsten Weiß flimmert das legendäre Claremont Hotel auf einer kleinen Anhöhe über Berkeley. Ein Farmer aus Kansas, durch den Goldrausch reich geworden, baute es Ende des 19. Jahrhunderts für seine Tochter, deren Wunschtraum es war, in einem englischen Schloss zu wohnen. Später wurde es zum Hotel, Louis Armstrong und Count Basie spielten in dem legendären Haus, bis heute steigen Stars hier ab – sogar die Helden aus Armistead Maupins „Stadtgeschichten" über das Leben in San Francisco in den 80ern verschlug es hierher, zumindest auf den Buchseiten. Die Zimmer sind gediegen, amerikanisch und beige, aber ein

Ausflug lohnt sich. Allein wegen der Terrasse der Bar, von der aus man einen herrlichen Blick über die Bay und auf die Golden Gate Bridge hat, die am Abend in der Ferne funkelt.

41 Tunnel Road, Berkeley
Tel: 001 510 8433000
www.claremontresort.com

Transamerica Pyramid

Die Transamerica Pyramid ist der auffälligste Wolkenkratzer in der Skyline von San Francisco. Leider ist die Aussichtsplattform vor ein paar Jahren geschlossen worden. Was bleibt, sind die Videobilder der vier Kameras, die an der Spitze des Gebäudes von William Pereira angebracht wurden und Aufnahmen aus allen vier Himmelsrichtungen übertragen.

600 – 634 Montgomery Street,
Financial District

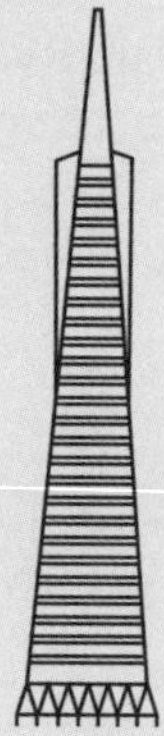

MUSEEN

De Young Museum

Ein Ausflug in den Golden Gate Park lohnt sich immer, nicht nur wegen des bunten Treibens am Wochenende und des spektakulären neuen Aquariums, sondern vor allem, um das De Young Museum zu besuchen. Die gefeierten Schweizer Architekten Herzog & de Meuron bauten es 2005 als verschachteltes Gesamtkunstwerk und überzogen es mit einem changierenden Gitter. Die Sammlung, zu der amerikanische Kunst des 17. bis 20. Jahrhunderts, Kunst der präkolumbianischen Ureinwohner, afrikanischer und pazifischer Völker gehört, ist einzigartig. Dazu finden wechselnde Ausstellungen statt: von Yves Saint Laurent über historische Quilts bis zu Andy Warhol. Auch wenn es im Museums-Café nicht viel mehr als abgepackte Sandwiches und andere überteuerte Kleinigkeiten gibt, lohnt ein Besuch. Schon wegen der Deckenlampen, die sich wie bunte Murmeln aneinanderreihen, und dem Garten, in dem man auf einer Bank seinen Latte macchiato trinken kann. Der Turm hat ein Aussichtsdeck mit schönen Blicken über den Park.

50 Hagiwara Tea Garden Drive,
Golden Gate Park/Fulton Street,
Inner Richmond
Tel: 001 415 7503600
www.deyoungmuseum.org
Dienstag – Sonntag 9.30 – 17.15 Uhr,
Freitag 9.30 – 20.45 Uhr (nur von
Mitte Januar – November)

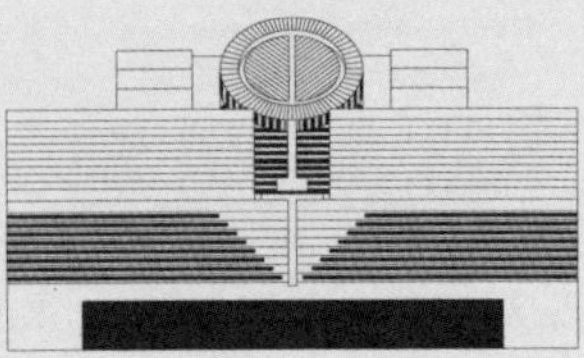

San Francisco Museum of Modern Arts (SF MOMA)

Das SF MOMA macht Spaß. Nicht nur, weil dort in den letzten Jahren einzigartige Werkschauen von Jeff Wall, Douglas Gordon, Joseph Cornell und Olafur Eliasson zu sehen waren. Sondern, weil auch die Architektur selbst ein Erlebnis ist. 1995 wurde das Museum im Zentrum von San Francisco in einem mehrteiligen Bau des Stararchitekten Mario Botta untergebracht: schwarz-weiß gestreift, mit einer Rotunde als Eingangshalle und einem Treppenhaus, das immer wieder Durchblicke freigibt. Ein Highlight für Schwindelfreie: die „durchsichtige" Brücke im fünften Stock, die einmal quer über die Eingangshalle führt. Neben der Sammlung, die von Matisse bis Jackson Pollock reicht, werden meist drei aktuelle Ausstellungen gleichzeitig gezeigt. Ein Garant, dass immer etwas dabei ist, was einen interessiert. Zwischendurch kann man sich wunderbar mit einem guten Kaffee und Snacks von Blue Bottle auf der weitläufigen Dachterrasse zwischen zeitgenössischen Skulpturen stärken.

151 3rd Street (zwischen Mission und
Howard Street), South Beach
Tel: 001 415 3574000
www.sfmoma.org
Montag und Dienstag 10.00 – 17.45 Uhr,
Donnerstag 10.00 – 20.45 Uhr,
Freitag – Sonntag 10.00 – 17.45 Uhr

Rooftop Coffee Bar, Roof Top Garden
Tel: 001 415 2430455

Täglich 10.00 – 17.00 Uhr, Donnerstag bis 20.00 Uhr, Mittwoch geschlossen

Yerba Buena Center of the Arts

„Yerba Buena" haben die Siedler im 18. Jahrhundert San Francisco genannt. Das Kunstzentrum, das direkt beim MOMA liegt, hat ihn gewählt, weil es eng mit der Kultur vor Ort verwurzelt ist. Zeitgenössische Kunstausstellungen, Performances, Konzerte, Tanzabende und ein Videokunst-Archiv mit über 2200 Arbeiten gehören ebenso zum Konzept wie die enge Zusammenarbeit mit der Gemeinde, Weiterbildungsangebote, Vorträge und Schulprogramme. Im Yerba setzt nichts Staub an, eine ständige Sammlung gibt es nicht, dafür ein Programm, das ganz auf Aktualität und Spannung setzt. Achten Sie auf das wechselnde Angebot!

701 Mission Street, Downtown
Tel: 001 415 9782700
www.ybca.org
Donnerstag – Samstag 12.00 – 20.00 Uhr
Sonntag 12.00 – 18.00 Uhr, am ersten Dienstag des Monats bei freiem Eintritt geöffnet

GALERIEN

Art Galleries at 49 Geary Street

Nirgendwo sonst in San Francisco findet man so viele Kunstgalerien wie in der 49 Geary Street. Man kann glatt einen ganzen Tag dort verbringen, durch die 20 Galerien schlendern und durch die Antiquariate, die in der ehemaligen Westküstenzentrale des Geldtransfer-Unternehmens Western Union untergebracht sind. Ein Gang, der durch alle Genres der Kunst und durch viele Epochen führt und beliebig fortgesetzt werden kann. Denn in nächster Nähe und rund um den Union Square haben sich noch zahlreiche weitere Galerien niedergelassen.

49 Geary Street, Downtown
Dienstag – Samstag 10.30 – 17.30 Uhr

Paule Anglim

Die Liste der Künstler von Paule Anglim und seinem Team ist so umfangreich wie international und reicht von unbekanntem Nachwuchs bis zu Global Playern wie dem Videoartisten Tony Oursler und Robert

Bechtle, dem Chronisten amerikanischer Lebenswelten. Seit 30 Jahren prägt der Galerist die Kunstszene der Stadt, hat bereits die Bewegung der einstigen Beat Artists begleitet, die Konzeptualisten und andere kalifornische Kunstbewegungen. Bis heute ist er ganz nah dran am Geschehen, und auf seinen Ausstellungseröffnungen trifft sich das „Who's who" der Bay Area.

14 Geary Street, Downtown
Tel: 001 415 4332710
www.gallerypauleanglim.com
Dienstag – Freitag 10.00 – 17.30 Uhr,
Samstag 10.00 – 17.00 Uhr

Rena Bransten
Das Haus sieht unscheinbar aus und man muss erst einmal in den Aufzug steigen, um in die großen lichten Räume der Galeristin zu gelangen. Der Weg lohnt sich. Nicht nur, weil man von dort aus gleich noch in andere Galerien ausschwirren kann, die in demselben Gebäude sind, sondern weil das Programm wirklich spannend ist. Von den Fotografien Candida Höfers über die expressiven Malereien von Hung Liu bis hin zu den großartigen gezeichneten Tierfantasien von Tara Tucker.

77 Geary Street, Downtown
Tel: 001 415 9823292
www.renabranstengallery.com
Dienstag – Freitag 10.30 – 17.30 Uhr,
Samstag 11.00 – 17.00 Uhr

Catherine Clark
Im Yerba Buena Neighborhood, ganz in der Nähe des Museum of Modern Art, bewegt sich Catherine Clark seit 1991 direkt am Puls der Zeit. Ihre Kunst zieht sich durch alle Medien, stellt sie in Frage und forscht nach neuen Ausdrucksformen. Clarks Galerie hat als einzige in San Francisco einen eigenen Video-Projektionsraum. Auch ein Blick dort hinein lohnt sich immer, denn das Programm ist so interessant wie umfangreich.

150 Minna Street (zw. 3rd und New Montgomery Street), Downtown
Tel: 001 415 3991439
www.cclarkgallery.com
Dienstag – Samstag 11.00 – 18.00 Uhr

San Francisco Camerawork
Direkt im Museumsquartier im Zentrum von San Francisco liegt diese kleine, nicht kommerzielle Galerie von Fotografen für Fotografen. Über 400 Ausstellungen fanden hier in den letzten 30 Jahren statt – vom

großen Ansel Adams bis zu eher unbekannten Nachwuchskünstlern aus der Bay Area. Ein Garant für Entdeckungen und ein netter und lauschiger Ort mit regelmäßigen Filmabenden, Signierstunden und Diskussionen, bei denen man schnell miteinander ins Gespräch kommt.

657 Mission Street, Downtown
Tel: 001 415 5122020
www.sfcamerawork.org
Dienstag – Samstag 12.00 – 17.00 Uhr

White Walls Gallery & Shooting Gallery

Der Name ist Programm bei White Walls, die in Allianz mit der Shooting Gallery gleich nebenan zu den größten Galerien der Westküste gehört. Auf nahezu 400 Quadratmetern in strahlendem Weiß zeigen Justin Giarla und Andres Guerrero ein buntes Programm mit Malerei, die oftmals ins Fantastische geht, Fotografie oder bunten Papiercollagen. Achten Sie darauf, wann die nächste Ausstellungseröffnung ist, dann ist dort ordentlich was los.

839 Larkin Street, Tenderloin
Tel: 001 415 9318035
www.shootinggallerysf.com
Dienstag – Samstag 12.00 – 19.00 Uhr

Oakland Art Murmur

Beim Art Murmur tobt an jedem ersten Freitag im Monat in Oakland das kulturelle Leben – und dabei hallen vielmehr entzückte Schreie als leises Murmeln durch die hippe Area. Fast 20 Galerien, alle jung, trendy und eher auf der Suche nach großer Kunst als dem großen Geld, haben sich in der einst brachliegenden Gegend angesiedelt. Einen besonderen Besuch ist das Kunstzentrum Creative Growth wert, das Teil des Murmur Parcours ist. Mittlerweile weit über die Grenzen der Stadt hinaus bekannt, arbeiten dort behinderte Menschen an ihrer Kunst. Das kunter bunte und riesige Fabrikhallen-Atelier ist vollgestellt mit fantastischen Arbeiten, es finden Filmabende und Performance-Events statt. Zwei der größten Fans: Sean Penn und Marc Jacobs.

Galerien zwischen 22nd und 26th Street (zw. Broadway und Telegraph Avenue), Oakland

www.oaklandartmurmur.com
jeden ersten Freitag im Monat
18.00 – 21.00 Uhr, einige Galerien haben mittlerweile auch Samstag 13.00 – 17.00 Uhr geöffnet

Fecal Face Gallery

Die kleine, aber feine Galerie ist die physische Adresse des Blogs fecalface.com, der einen großartigen Überblick über die Kunst- und Kulturszene von San Francisco gibt. Zum Start 2000 überzog Fecal Face die Stadt mit so vielen kleinen Aufklebern, dass man sich bis heute daran erinnert. Lange schon sorgt die Galerie auch mit ihren Ausstellungen für Aufmerksamkeit. Sie zeigt junge Talente wie Henry Gunderson, der bei seiner ersten Show dort gerade 18 war. Viele Zeichnungen stehen auf dem Programm, auch schon mal die Kunst von Tattoo-Artisten, oft natürlich Malerei – und immer sind es unkonventionelle Entdeckungen.

248 Fillmore Street, Lower Haight
Tel: 001 415 2556479
www.ffdg.net
Mittwoch – Samstag
13.00 – 18.00 Uhr und auf Anfrage

The LAB Gallery

1984 tat sich eine Gruppe von Künstlern der Bay Area zusammen und eröffnete einen von San Franciscos ältesten nicht kommerziellen Kunsträumen. Bis heute finden in The LAB viele Live-Events statt – und bis zu 15 Ausstellungen jährlich. Das Programm ist im Laufe der Jahre immer besser geworden. Immer wieder kuratieren namhafte Kunstkenner wie der ehemalige Galerist David Cunningham ein aufregendes Programm, zu dessen Höhepunkten die regelmäßigen Gruppenschauen gehören. Gleich nebenan: das alternative Theatre Rhinoceros, eines der Schwulen-Theater.

THE LAB

2948 16th Street, Mission
Tel: 001 415 8648855
www.thelab.org
Donnerstag – Samstag
13.00 – 18.00 Uhr

DO SOMETHING YOU HAVE NEVER DONE BEFORE

Besuch im Castro Cinema

Ein tolles Erlebnis ist ein Besuch im traditionsreichen Castro-Kino. Hier begann das „gay movement", angeführt von dem schwulen Bürgerrechtler Harvey Milk, der später von einem konservativen Gegner ermordet wurde. Der prächtige Kinosaal wird mit einem anspruchsvollen Programm bespielt; jeder Film beginnt damit, dass die Wartenden von einem Orgelspieler eingestimmt werden. Die Orgel samt Spieler versenkt sich dann am Anfang des Filmes. Musikalisches Entertainment, das man lieben muss – und das ganze Prozedere samt regelmäßigem Menschenauflauf gehört einfach dazu. Auch wenn die Warteschlange vor dem Kino endlos wirkt: Sobald die Türen sich öffnen, geht es ganz schnell.

429 Castro Street/Market Street, Castro
Tel: 001 415 6216120
www.castrotheatre.com

STADTANSICHTEN

Bernal Heights Hill & Park

Von dem grünen Hügel aus liegt einem das angrenzende Mission District zu Füßen, und lässt man die Blicke weiter schweifen, bietet sich ein atemberaubender Blick auf die Downtown Skyline, die Golden Gate Bridge und die Bay Area. Wie eine Essenz von San Francisco, die man zwischen Dogwalkern, Joggern und Spaziergängern – besonders bei Sonnenuntergang – wunderbar genießen kann.

Tipp: Lassen Sie sich mit dem Auto oder Taxi zur Ripley Street, Ecke Alabama Street, in Bernal Heights bringen, von hier aus beginnt der Bernal Heights Boulevard, der bis nach oben führt.

Buena Vista Park

Der Buena Vista Park grenzt an das berühmte Hippie-Viertel Haight-Ashbury und die Buena Vista Heights. Es ist der älteste Park San Franciscos, mit so hohen Bäumen, wie man sie sonst kaum in San Francisco findet. Dazwischen kann man wunderbare Ausblicke auf die Bay Area und die Golden Gate Bridge genießen, besonders spektakulär von der Spitze des Hügels aus.

Haight Street und Buena Vista Avenue East, Haight-Ashbury

JOGGING-ROUTE

El Camino del Mar

Der El Camino del Mar ist eine perfekte Joggingstrecke, die am Seal Rock Drive, Ecke 48th Avenue, beginnt. Die Strecke startet am Parkplatz und führt an der Küste entlang in Richtung Golden Gate Bridge. Das Auto können Sie perfekt auf dem Parkplatz abstellen. Die Tour dauert circa 20 Minuten bis zur 34th Avenue oder noch weiter bis zur 32th Avenue. Jetzt umdrehen und die gleiche Strecke zurück – natürlich nur für die Autofahrer.

Geary Boulevard, Sutro Heights Park

Golden Gate Park

Er ist größer als der Central Park, hat Bisons, Seen, eine Windmühle, mehr als eine Million Bäume und wird an Wochenenden von durchschnittlich 75.000 Menschen besucht: Der Golden Gate Park ist die grüne Attraktion der Stadt. Hier tanzten einst Blumenkinder über die Wiesen und Grateful Dead-Sänger Jerry Garcia wurde in einer marihuana-geschwängerten Hippie-Messe betrauert. Heute wird das Grün vor allem für Sport genutzt. Ob Golf, Paddeln, Klettern, alles ist möglich. Besonders viel Spaß macht es, durch den Park zu radeln oder zu skaten – an dem japanischen Teegarten vorbei, dessen Verwalter einst die Glückskekse erfand, zu den künstlichen Wasserfällen, zu „Lindy in the Park", wo sonntags Swing getanzt wird, und zum Conservatory of Flowers, einem Gewächshaus im viktorianischen Stil.

Fulton Street/Lincoln Way,
Central Richmond

Baker Beach

Auch wenn Sie sicherlich schon an idyllischeren Stränden gelegen haben, vom Baker Beach aus blickt man die

Bay entlang direkt auf die Golden Gate Bridge. An warmen Tagen ist es der It-Place für Locals, er lockt aber auch immer mehr Touristen an. Zu finden ist der Baker Beach leicht, er liegt hinter den Felsen am Presidio und – eine Sensation für die USA – hat sogar einen Nacktbadestrand, der hinter dem „Hazardous Surf"-Schild beginnt. Hier fand 1986 auch zum ersten Mal das legendäre Party-Kunst-Festival „Burning Man" statt. Das Wasser ist eiskalt, oft weht ein Lüftchen, und wem das alles zu frisch ist, der kann sich ein Picknick oder Grillwürstchen mitbringen und so die spektakuläre Sicht und das Treiben genießen.

Gibson Road, Presidio

Berkeley Bowl

Berkley Bowl, 1977 als Tante-Emma-Laden gestartet, ist heute der Traum eines Organic-Supermarkets auf riesiger Fläche, mit schillernd ausgefallenem Klientel und einzigartigem Angebot. Das reicht von zehn Sorten unterschiedlich massiertem Bio-Rind, über unzählige Arten saftig roten Thunfischs, Berge an saisonalem Obst- und Gemüse in Farmers-Market-Qualität, bis hin zu französischem Käse, italienischer Öko-Salami und allem anderen, was das Herz begehrt – in unendlicher Fülle und Variation. Falls man sich nicht selbst den Einkaufskorb vollladen und die Einkäufe – der neue Öko-Clou in den USA – in selbst mitgebrachte Tüten packen will, kann man das bunte Treiben auch einfach nur vom Deli aus beobachten bei „organic cake", warmen Kleinigkeiten und inmitten Intellektueller, die alle den neuesten Roman des aktuellen Literatur-Nobelpreisträgers lesen.

2020 Oregon Street, Berkeley
Tel: 001 510 8436929
www.berkeleybowl.com
Montag – Samstag 9.00 – 20.00 Uhr,
Sonntag 10.00 – 18.00 Uhr

Bi-Rite

Was auf den ersten Blick wie ein Nachbarschafts-Deli im Mission District wirkt, ist in ganz San Francisco bekannt: ein wahres Mekka für Foodies auf der Suche nach den besten Produkten Kaliforniens. Obst, Gemüse, Käse, Fleisch, Weine und Brot, alles kann man hier finden; und überkommt einen der Hunger, kann man sich gleich an der Sandwich-Theke mit einem der köstlichen „grass-fed homemade roasted beef" mit karamellisierten Zwiebeln und Cheddar auf Acme-Brot stärken.

3639 18th Street, Mission
Tel: 001 415 2419760
www.biritemarket.com
Montag – Freitag 9.00 – 21.00 Uhr,
Samstag und Sonntag
10.00 – 16.00 Uhr

Ferry Building Market

San Franciscos Markthalle mit allem, wonach es den Feinschmecker gelüstet. Jeden Mittwoch und Samstag versammeln sich dazu kalifornische Farmer mit ihren saisonalen Köstlichkeiten vor dem Ferry Building und bauen ihre Stände vor der herrlichen Kulisse von Williamsburg Bridge auf, mit Möwen und Blick auf das Wasser Richtung Berkeley.

Siehe S. 83

DELIS & FOOD

Sauerteigbrot

Unserer Meinung nach das beste Brot in San Francisco.

Tartine Bakery

Siehe S. 63

TARTINE

Croque Monsieur

Mit Béchamelsauce, Gruyère und Thymian, bedeckt mit gekochtem Schinken oder Gemüse der Saison. Wir haben noch kein besseres Croque Monsieur gegessen.

Tartine Bakery

Siehe S. 63

Burger

Ein Klassiker auf der Bar Jules-Karte: Das Beef wird auf Holz gegrillt und ist dadurch besonders aromatisch.

Bar Jules

Siehe S. 51

Focaccia

Am Washington Square liegt eine wahre Perle italienisch-amerikanischer Tradition mit dem besten Focaccia der Stadt. Einer dieser Orte, denen die schnelllebige Zeit nichts anzuhaben scheint. Der Verkaufsraum mit ein paar Varianten Focaccia und zwei Abrollern mit Packpapier zum Einwickeln wirkt geradezu verschwenderisch großzügig.

Liguria Bakery

1700 Stockton Street, Ecke Filbert Street, North Beach

Tel: 001 415 4213786
Montag – Samstag ab 8.00 Uhr,
solange der Vorrat reicht

Pizza

Craig und Anne Stoll's Pizzeria Delfina ist ein „neighborhood favorite" und weit über das Mission District hinaus für seine köstliche Pizza bekannt, inspiriert von den besten Pizzerien Neapels.

Delfina Pizzeria
3611 18th Street, Mission
Tel: 001 415 4376800
www.delfinasf.com
Montag 17.00 – 22.00 Uhr,
Dienstag – Mittwoch 11.30 – 22.00 Uhr,
Freitag 11.30 – 23.00 Uhr,
Samstag 12.00 – 23.00 Uhr,
Sonntag 12.00 – 22.00 Uhr

In der Mitte des Raumes steht der Pizzaofen, hier knetet Anthony Mangieri vor den Augen seiner Gäste liebevoll den Pizzateig und belegt ihn mit San Marzano-Tomaten und Mozzarella di Bufala. Insgesamt stehen nur vier Varianten auf der Karte, allesamt feine Nuancen der Margherita. Dazu gibt es passende italienische Weine von ausgewählten Weingütern; besonders erfrischend ist der Gragnano, der gekühlt serviert wird.

Tipp: Nicht zu spät kommen, denn der Teig kann schnell alle sein.

Una Pizza Napoletana
210 11th Street, Mission
Tel: 001 415 8613444
www.unapizza.com
Mittwoch – Samstag ab 17.00 Uhr,
bis der Teig alle ist

The Slanted Door

Vietnamesisch

Lassen Sie sich von dem gestylten Interieur nicht irritieren: Das Slanted Door hat die beste vietnamesische Küche San Franciscos. Chefkoch Charles Phan versteht sich auf vietnamesische Straßenküche und die traditionellen Gerichte seiner Heimat. Sehr lecker ist der ganze Fisch, in einer würzig-scharfen Ingwer-Sauce im Steinofen gebacken, oder die gegrillten Schweinerippchen mit einer perfekt abgestimmten Honig-Hoisin-Sauce. Da das Slanted Door sehr beliebt ist, sollten Sie reservieren.

The Slanted Door
1 Ferry Building 3, Marina District
Tel: 001 415 8618032
www.slanteddoor.com
Montag – Samstag 11.00 – 14.30 Uhr und 17.30 – 22.00 Uhr,
Sonntag 11.30 – 15.00 Uhr und 17.30 – 22.00 Uhr

Chinesisch & Dim Sum

Jeder, der Dim Sum liebt, sollte einen Besuch im Yank Sing einplanen. Trolleys, prall mit Bambuskörbchen beladen, bahnen sich ihren Weg durch die vielen Tische, und ruck zuck türmt sich – man kann die Gier kaum zügeln – eine bunte Auswahl auf den Tischen. Besondere Highlights sind die Peking Duck Dim Sums, die wegen der großen Fangemeinde schnell vergriffen sind, und die Gemüse-Variante mit einer spinatähnlichen Füllung in weichem Reisteig. Normalerweise sitzt man inmitten chinesischer Familien, die besonders sonntags am späten Vormittag Dim Sum-Gelage zum Brunch goutieren. Das Ambiente ist wie in allen Dim Sum-Pilgerstätten dieser Welt: ein großer Saal, der sehr authentisch, wenn auch recht geschmacklos eingerichtet ist.

Yank Sing
101 Spear Street, Marina District
Tel: 001 415 7811111
www.yanksing.com
Montag – Freitag 11.00 – 15.00 Uhr,
Samstag – Sonntag 10.00 – 16.00 Uhr

Japanisch

Wo gibt es das beste Sushi in San Francisco? Eindeutig im Hama-Ko. Sushi-Chef Ted Kashiyama serviert ausschließlich original japanische Rollen, ergänzt von warmen und kalten japanischen Spezialitäten, die durchweg köstlich sind. Das hat leider auch seinen Preis. Wenn Sie sich ganz in seine Hände begeben, können Sie schnell 75 Dollar bei ihm loswerden. Doch es lohnt sich – der kleine Familienbetrieb gilt als absoluter Geheimtipp in der Stadt. Es gibt nur zwölf Tische, deshalb besser reservieren!

Hama-Ko
108B Carl Street, Cole Valley
Tel: 001 415 7536808
Dienstag – Sonntag 17.00 – 21.00 Uhr

Seafood

Meeresfrüchtesalat mit Shrimps, Taschenkrebsen und hausgemachtem Dressing mit einer feinen Senf-Butter-Mayonnaise

Swan Oyster Depot
Siehe S. 35

Clam Chowder, eine reichhaltige Fischsuppe und der absolute Klassiker in der Bay Area, mit Venusmuscheln, Gemüse, Schinken und Cream – köstlich!

Hog Island Oyster Co.
Siehe S. 57

Eis

Lokal, „organic" und vor allem wild sind die Icecreams & Sorbets von Humphry Slocombe: Foie Gras, McEvoy Olive Oil, Green Tea Black Sesame, White Chocolate Lavender, Salt & Pepper, Cucumber Ice Milk, Golden Beet Saffron und und und ... Womit anfangen? Und dann immer und immer wiederkommen ...

Humphry Slocombe
2790 Harrison Street, Mission
Tel: 001 415 5506971
www.humphryslocombe.com
Montag – Donnerstag 12.00 – 21.00 Uhr,
Freitag – Sonntag 12.00 – 22.00 Uhr

Humphry Slocombe
ICE CREAM

Für Eissorten wie Honig-Lavendel, Salzkaramell oder geröstete Kokosnuss vom Deli-Store Bi-Rite werden sorgfältig ausgewählte Zutaten aus lokalem biologischen Anbau verwendet.

Bi-Rite Creamery & Bakeshop
3692 18th Street, Mission
Tel: 001 415 6265600
www.biritecreamery.com
Sonntag – Donnerstag 11.00 – 22.00 Uhr,
Freitag und Samstag 11.00 – 23.00 Uhr

Kaffee

Unübertroffen der beste Kaffee der Stadt.

Four Barrel
Siehe S. 72

Angefangen hat alles 2005 mit einem kleinen Kiosk in der ruhigen Lindenstreet in Hayes Valley. Mittlerweile kann man den guten Blue Bottle-Kaffee auch im Ferry Building, Downtown in der Mintstreet und auf der Dachterrasse des SF MOMA genießen. Doch am gemütlichsten trinkt man seinen „Gibraltar" oder Cappuccino immer noch direkt auf einer der Steinbänke vor dem Kiosk.
An heißen Tagen ist der New Orleans Iced Coffee besonders erfrischend.

Kiosk Blue Bottle Coffee
315 Linden Street, Hayes Valley
www.bluebottlecoffee.net
Montag – Freitag 7.00 – 17.30 Uhr,
Samstag und Sonntag 8.00 – 18.00 Uhr

SHOPPING & AUSGESUCHTE LÄDEN

Während um den Union Square die großen Kaufhäuser, Designermarken und Luxusgeschäfte versammelt sind, kann man in den einzelnen Stadtvierteln durch kleine Boutiquen und individuelle Läden bummeln, zum Beispiel an der Valencia Street in Mission, der Union Street und Fillmore Street in Pacific Heights, um den Jackson Square und in der Hayes Street in Hayes Valley. Nachfolgend eine kleine Auswahl an Smart Travelling-Lieblingsläden.

Brand x Antique

Ein wilder Antiquitätenladen, ganz wie man ihn auf der Castro Street erwartet. Die Besitzer Fred und Tim verkaufen mit Leidenschaft ihre Schätze aus vergangenen Epochen und haben viele nette Geschichten parat. Ein herrlicher Ort, an dem es immer etwas zu entdecken gibt.

570 Castro Street, Castro
Tel: 001 415 6268908
Montag – Freitag 9.30 – 17.00 Uhr,
Samstag 10.00 – 16.00 Uhr

Modern Appealing Clothing

Was wirklich für San Francisco steht, das wollen Chris und Ben Ospital in ihrem Laden anbieten, der ein Concept Store höchster Güte ist. Untergebracht in einem knallgelb angemalten großen Stall von 1840, gibt es dort nicht nur ausgesuchte Mode von bekannten belgischen und japanischen Designern, sondern auch von kleinen Modekünstlern aus der Umgebung wie Lemon Twist, Nice Collective oder eine Schürze mit einem gähnenden Wildschwein der Künstlerin Tara Tucker. „Slow Clothing" nennen die Ospitals ihre Auswahl: qualitativ hochwertige Kleidung, die man 20 Jahre lang nicht nur zu besonderen

Anlässen, sondern auch zum täglichen Einkauf tragen kann und die in Schneidereien gefertigt ist, deren Stoffqualität genauso überwacht wird wie Arbeitsbedingungen und Löhne. Darüber hinaus wird Keramik von Künstlern der Bay Area angeboten, Kosmetik von Heliotrope, eine Linie des Creative Growth Art Center und Haustierbedarf von George's. Man kann Stunden im Yellow – wie die Inhaber das Gebäude kurz nennen – verbringen. Denn dort befindet sich außerdem das Slow-Food-Café Piccino, es gibt einen Blue Bottle Coffee Shop und die Vinothek Dig mit biologischen Weinen aus italienischen und französischen Familienbetrieben.

1003 Minnesota Street (Ecke
22nd Street), Central Waterfront
www.modernappealingclothing.com
Montag – Samstag 11.00 – 19.00 Uhr,
Sonntag 12.00 – 18.00 Uhr

Eden & Eden

Ein kleiner Concept Store mit ganz besonders sensibel ausgewählten antiken und modernen Wohnaccessoires, Schmuck, Mode und Kleinigkeiten, die einen alle mit einem Augenzwinkern anlächeln. Und wenn man die nette Besitzerin sieht, weiß man sofort, wie es zu dieser sympathischen Auswahl kommt. Ein Laden, den man nicht verpassen sollte.

EDEN & EDEN

560 Jackson Street, Financial District
Tel: 001 415 9830490
www.edenandeden.com
Montag – Freitag 10.00 – 19.00 Uhr,
Samstag 10.00 – 18.00 Uhr

Monument

Sammler schöner Dinge finden in diesem Laden so manches seltene Objekt: Möbel aus den 50er bis 70er Jahren, Designklassiker sowie namenlose Einzelstücke, die alle etwas Besonderes haben.

573 Valencia Street, Mission
Tel: 001 415 8619800
www.monument.1stdibs.com
Täglich 12.00 – 18.00 Uhr

Paxton Gate

Ein ungewöhnlicher Laden mit einer stilvollen Sammlung an ausgewählten antiken Objekten, Pflanzen und Tierpräparaten, die verdammt echt aussehen. Alles wunderschön präsentiert und ein Muss für Liebhaber skurriler Einzelstücke.

824 Valencia Street (zw. 19th und 20th Street), Mission
Tel: 001 415 8241872
www.paxtongate.com
Täglich 11.00 – 19.00 Uhr

William Stout Architectural Books

Ein „must" für jeden Menschen mit einer Leidenschaft für Bücher, Bildbände und Sammlerstücke aus den Bereichen Architektur, Kunst, Design und Fotografie. Die gut sortierte thematische Buchhandlung von Bill Stout führt auf zwei Etagen an die 20.000 Titel, ergänzt durch im Eigenverlag William Stout Publishers publizierte Werke. Hier kommt man nicht so schnell wieder heraus – vor allem nicht, ohne ein Buch gekauft zu haben.

804 Montgomery Street, North Beach
Tel: 001 415 3916757
www.stoutbooks.com
Montag – Freitag 10.00 – 18.30 Uhr,
Samstag 10.00 – 17.30 Uhr

AUSFLUG INS NAPA VALLEY

Oakville Grocery

Man könnte meinen, gleich biegt John-Boy Walton um die Ecke, so schön altmodisch kommt die Oakville Grocery daher. Doch was auf den ersten Blick so verträumt wirkt, entpuppt sich als durchdachtes Konzept: eine Mischung aus lokalen Erzeugnissen und ausgesuchten, anspruchsvollen, größtenteils auch biologischen Produkten aus ganz Amerika. Am Eingang kann man einen Kaffee trinken und Kuchen und Kleinigkeiten aus den berühmtesten Bäckereien des Napa Valley kosten. Ein kleiner Stopp lohnt sich auf jeden Fall, da es auch kein Umweg ist, denn

auf dem Weg ins Napa Valley kommt jeder an der Oakville Grocery vorbei.

7856 St. Helena Highway, Oakville,
Napa Valley
Tel: 001 707 9448802
www.oakvillegrocery.com
Montag – Donnerstag 7.00 – 17.00 Uhr,
Freitag und Samstag 7.00 – 18.00 Uhr

Dean & Deluca

Im noblen Napa Valley darf auch ein Dean & Deluca nicht fehlen. Und obwohl die Gegend nicht besonders dicht besiedelt ist, ist der Ableger aus New York hier knackig voll. Eine imposante Weinauswahl, wie in dieser Gegend zu erwarten ist, wird ergänzt von Küchenutensilien und Delikatessen aus der ganzen Welt. Nur einige frische Produkte haben den Slow-Food-Weg von null Kilometern auf der Uhr, und europäische Erzeugnisse sind hier oft mehr als doppelt so teuer wie in der Heimat. Wer aber ein bestimmtes Produkt haben möchte, nimmt das schon mal in Kauf. Es macht Spaß, alles genau zu inspizieren – und eventuell auch, sich in Unkosten zu stürzen.

607 South St. Helena Highway,
St. Helena
Tel: 001 707 9679980
www.deandeluca.com
Sonntag – Donnerstag 7.00 – 19.00 Uhr,
Freitag und Samstag 7.00 – 20.00 Uhr

Honig Vineyard and Vinery

Ein familiengeführtes Weingut, vom Großvater 1964 gegründet, dessen Sauvignon Blanc und Cabernet Sauvignon aus nachhaltig angebauten Trauben zu den besten kalifornischen Weinen gehören. Idyllisch gelegen, kann man hier die Weine direkt vor Ort verkosten und kaufen. Wir lieben den Napa Valley Sauvignon Blanc mit seiner goldgelben Farbe und seinem fruchtig mineralischen Geschmack. Passt perfekt zu Meeresfrüchten und wird auch im Swan Oyster Depot ausgeschenkt.

850 Rutherford Road, Rutherford
Tel: 001 800 9292217
www.honigwine.com
Verkostung von 10.00 – 16.30 Uhr
und nach Vereinbarung

The French Laundry

Thomas Keller's Gourmet-Restaurant im Napa Valley. Ein „once in a lifetime"-Geschmackserlebnis, für das man allerdings zwei Monate im Voraus reservieren muss. Täglich werden zwei Neun-Gänge-Tasting-Menüs serviert für 270 Dollar.

6640 Washington Street, Yountville
Tel: 001 707 9442380
www.frenchlaundry.com
Lunch: Freitag – Sonntag
11.00 – 13.00 Uhr,
Dinner: Täglich 17.30 – 21.15 Uhr

MALERISCHER KÜSTENORT: MARSHALL

Ein Ausflug entlang der nördlichen Küste San Franciscos sollte auf keiner Reise fehlen. Ein schönes Ziel für ein gutes Mittagessen ist neben der Hog Island Oyster Co. das Nick's Cove. Es ist der perfekte Ort für einen ausgiebigen sonntäglichen Lunch. Wer sich nicht auf Austern, Taschenkrebse und Fisch stürzen möchte, dem bleibt ein exzellenter Burger, den fast jeder Gast auf dem Teller hat. Doch wo hat man schon die Möglichkeit, sich so genüsslich mit jedem Körperteil der unfassbar köstlichen Krebse zu beschäftigen und dazu einen kühlen Weißwein zu genießen? Im Winter, wenn das Wetter nicht so ganz mitspielt, sorgt der knisternde Kamin für wohlige Behaglichkeit. Passend zu diesem Ambiente werden rustikale Zimmer und Cottages vermietet!

Nick's Cove
23240 Highway 1, Marshall
Tel: 001 415 6631033
www.nickscove.com
Täglich 8.00 – 20.00 Uhr

Hog Island Oyster Co.
Siehe S. 57

HOG ISLAND OYSTER CO.

BUCHTIPP

Stadtgeschichten – Tales of the City
von Armistead Maupin

Ein Klassiker, sieben Bände dick, heiter, nachdenklich und so unterhaltsam wie eine Soap Opera. Er entstand aus einer Serie, die Maupin für den San Francisco Chronicle schrieb und die sich um eine Handvoll schillernder Gestalten in der Barbary Lane 28 dreht: die Cannabis züchtende Vermieterin Anna Madrigal und ihre Schützlinge. Allen voran Mary Ann Singleton, ein Landei aus Cleveland, das in San Francisco flügge wird, Michael Tolliver, der auf der Suche nach dem Mann fürs Leben ist, der Casanova Brian, die wunderbare Hippielady, für alle sexuellen Abenteuer offen und und und ... Sieben Bände lang kreuzen sich ihre Lebenswege, ziehen sich vor allem durch die 70er und 80er Jahre, thematisieren Love & Peace, die Aids-Epidemie, das aufkommende Yuppietum. Man hat den ersten Band noch nicht zu Ende gelesen, da möchte man selbst in die Barbary Lane einziehen.

FILMTIPP

Milk (2008), Regie: Gus van Sant

2008 verfilmte Gus van Sant (Good Will Hunting) das kurze Leben des berühmten Aktivisten Harvey Milk (1930–1978), der als erster bekennender Homosexueller ein politisches Amt in den USA bekleidete. 1977 wurde er in den Stadtrat von San Francisco gewählt und 1978 gemeinsam mit dem damaligen Bürgermeister George Moscone im Rathaus erschossen. Mit Sean Penn in der Hauptrolle konzentriert sich van Sant auf Milks politische Karriere, die eng mit der Schwulen- und Lesbenbewegung der 70er Jahre verbunden war – und auf seine Beziehung zu seinem Liebhaber und späterem engen Freund Scott Smith (James Franco), der auch Milks Wahlkampfleiter war. Ein eindrückliches Plädoyer für persönliche Freiheit und Gleichheit und eine Zeitreise durch eine der entscheidendsten Perioden der Stadtgeschichte San Franciscos. Sean Penn gewann für seine großartige Darstellung Harvey Milks 2009 einen Oscar®.

Bullitt (1968), Regie: Peter Yates

Ein Action-Thriller mit Steve McQueen, berühmt für seine spektakulären Auto-Verfolgungsjagden zwischen einem 68er Ford Mustang und einem Dodge Charger quer durch San Francisco.

PERSÖNLICHKEITEN

Harvey Milk (1930–1978)

Der in New York State geborene Harvey Milk arbeitete nach seinem Lehramtsstudium u.a. als Navy-Diver, Lehrer auf Long Island, Versicherungsstatistiker, Finanzanalytiker und Produktionsassistent in New York. Doch er wollte vor allem eines, für sein Leben gerne Bürgermeister von San Francisco werden, mit der Mission die Schwulenbewegung vorwärts zu bringen. Mit Charisma und Hartnäckigkeit wurde der frühere Hippie in der kalifornischen Politik schnell unübersehbar. 1977 hat Milk es in den Stadtrat von San Francisco geschafft – mit einer sehr kurzen Amtszeit und tragischem Ende. Am 27. November 1978 wurde er zusammen mit dem Bürgermeister im Rathaus erschossen.

Die Hausfassade in der 575 Castro Street, jenem Haus, in dem sich Milks Castro Cameras Geschäft und die gemeinsame Wohnung mit seinem Lebenspartner Scott Smith befand, trägt seit 1998 ein Wandbild zu seinen Ehren.

Ansel Adams (1902–1984)

Niemand hat den Yosemite Nationalpark öfter fotografiert und niemand in solch dramatischer Schönheit wie Ansel Adams. Schon als der Sohn eines Händlers mit 14 Jahren zum ersten Mal in den Park kam, war es um ihn geschehen. Mit dem Fotoapparat, den seine Eltern ihm geschenkt hatten, nahm Adams auf, was ihm vor die Linse kam, und kehrte von diesem Sommer an in jeder freien Minute in den Nationalpark zurück. 1930 begann er für die Öffentlichkeitsarbeit des Parks zu fotografieren und verschrieb sich schließlich der künstlerischen Schwarz-Weiß-Fotografie. Mit Kreativen der Bay Area begründete er die „straight photography", die reine Fotografie, die keiner anderen Kunstform nacheifert, sondern geradlinig auf ihre eigenen Fähigkeiten setzt. Auf das Spiel von Licht und Schatten, den Ausschnitt, die Komposition. Seine Arbeit führte Adams durch Amerikas schönste Natur. Weltberühmt sind seine Sanddünen im Sonnenaufgang am Monument Valley, der Half Dome Monolith im Yosemite Nationalpark, Mondaufgänge in New Mexico und auch das Golden Gate vor dem Bau der berühmten Brücke. Das San Francisco MOMA hält zahlreiche Dokumentationen über Adams bereit, die 2002 zusammengestellt wurden, zum 100. Geburtstag des Fotografen.

WICHTIGE INFORMATIONEN

Tourist Office:
Visitor Information Center
900 Market Street, Untergeschoss
Hallidie Plaza
Tel: 001 415 3912000
Montag – Freitag 9.00 – 17.00 Uhr,
Samstag und Sonntag 9.00 – 15.00 Uhr
von November bis April: Sonntag geschlossen

California Welcome Center
2nd level, Pier 39, Ecke Beach Street und The Embarcadero
Tel: 001 415 9811280
Täglich 10.00 – 18.00 Uhr

Transport San Francisco Airport/City:
San Francisco International Airport
Tel: 001 650 8218211
www.flysfo.com

Mit dem Bay Area Rapid Transit (BART): 30 min. Downtown, 8–10 Dollar
Tel: 001 650 6898365
www.bart.gov

Mit dem Taxi: ca. 20 min. Downtown, etwa 38 Dollar

Mit dem Mietwagen:
Airport: Airport Rental Car Center
780 N. McDonnell Road

Taxiruf:
Crown Cab
Tel: 001 415 9200700

Yellow Cab Cooperative
Tel: 001 415 3333333

DeSoto Cab Company
Tel: 001 415 9701300

City Websites:
www.sfgov.org
www.sanfranciscocitytourist.com

Telefon:
USA: 001
San Francisco: 415

Währung:
1 Dollar = 1,41 Euro

MEIN PERFEKTES WOCHENENDE

Freitag:

Samstag:

Sonntag:

NOTIZEN

NOTIZEN

NOTIZEN

NOTIZEN

NOTIZEN